AF360042

QUELQUES MOTS

DU

PEUPLE FRANÇAIS

AU GOUVERNEMENT NOUVEAU,

PAR

M. MARTIAL BATAILLE.

CLERMONT,

IMPRIMERIE DE THIBAUD-LANDRIOT FRÈRES,

Libraires, rue Saint-Genès, 10.

1848.

QUELQUES MOTS

DU PEUPLE FRANÇAIS

AU GOUVERNEMENT NOUVEAU.

BIEN-AIMÉS de la patrie, nobles cœurs, grandes âmes, qui présidez à mes destins, puissiez-vous être mon dernier recours!

Rien n'est comparable à la confiance que j'ai en vous.

Si elle venait à être déçue, vous savez ce qui forcément arriverait encore.

. . . .

J'ai soufflé un conseil à l'univers qui doit tôt ou tard être le dernier mot des angoisses et de l'ignominie des prolétaires.

Je me suis engagé, et j'ai de l'honneur.

Hier encore, — *ils s'en souviennent,* — délirant de pitié, mais le bras nu, le génie de la conquête et de la régénération sociale au front, et la justice éternelle au fond de l'âme, je suis descendu dans la rue.

J'y ai laissé, à la vérité, quelques enfants à qui leur propre sacrifice n'a rien coûté ; car, par un secret magique, à moi seul révélé d'en haut, je les tiens toujours à ma disposition.

Les conditions sont toutes à ma convenance.

5

Quelques faux-frères qui ont renié ma cause, on ne sait trop pourquoi, disaient à tout propos à mes enfants : Prenez garde, au fond de votre patriotisme et de votre course haletante est un noir cachot rempli de chaînes, tout exprès pour vos pieds et pour vos mains.

N'importe, ont-ils répondu, nos pères, nos mères, nos femmes, nos enfants et nous-mêmes, nous n'en pouvons plus d'oppression et d'angoisse. Et puis, nous savons bien qu'il vient quelqu'un après nous dont le bras tout-puissant brisera les portes de nos cachots. . . . .

Quel malheur ! si, dans quelques jours, la France venait à reconnaître que tant d'efforts et de magnanimité n'ont abouti qu'au reflux des guenilles sociales sur les flots du sang versé !

Grands citoyens, que le peuple français chérit, contemple et surveille votre conscience, votre volonté, vos personnes me seront toujours en vénération ; je les mettrai toujours hors de cause.

Mais souvenez-vous des regrets et du sort de ceux qui ont subi mes dernières malédictions, et qui ont pris la fuite devant moi.

Ils me regardaient de si haut que la tête leur a tourné.

Ils croyaient me dominer, et je ne relève que de moi-même.

Vous n'aurez jamais rien de commun avec ces hommes-là, je le sais; mais, séduits par l'erreur et par des intérêts en dehors des miens, vous pourriez peut-être songer à ménager à d'autres un avènement et des catastrophes semblables à celles que je signale.

Laissez-les dans leur exil et dans leur orgueil, jusqu'à ce qu'ils s'avouent de bonne foi semblables à mes enfants. Si le cœur peut battre sous l'or et la soie comme sous mes haillons, qu'ils gémissent sur les maux que les leurs et eux-mêmes ont causés à la patrie!

Il y aura des orgueilleux et des égoïstes qui, par vous, tenteront de me dominer du haut des ruines nouvelles.

Pour toute réponse, montrez-leur l'étendard sacré où, sous le sceau de Dieu même, nous avons écrit : liberté, fraternité, égalité, d'un côté ; et de l'autre, verité, dignité, grandeur pour tous !

Jusqu'à ce jour l'orgueil a dit à mes enfants : Posez l'empreinte de vos mains sur toute la surface de la terre, fondez les villes, domptez les mers et les tempêtes, insinuez-vous dans tous les secrets de la nature.

Et il osait penser en lui-même que

ce n'étaient là que des titres à son dédain et à son ingratitude.

Cependant, lui, que faisait-il? Il se
repaissait des sueurs et des veilles de
mes enfants, et quand il était repu, il
imaginait des doctrines impies, d'où
rejaillissaient pour eux la faim et l'i-
gnominie, comme rejaillit le poison de
la gueule du basilic.

Oh! si l'hydre osait encore montrer
sa tête, citoyens, disposez de mon
pied tout-puissant.

Citoyens, ne vous préoccupez que de
moi, je suis le peuple français, j'ai le
droit d'être égoïste, parce que, de concert avec la Providence, j'ai juré sur les

plaies sanglantes des nations de propager la liberté, la fraternité et l'égalité!

Je me souviendrai même, pour l'imiter, du père de l'enfant prodigue qui fit un grand festin au retour de son fils régénéré.

Grands citoyens, soyez simples, vrais et sincères comme moi-même, et la cause de l'humanité ne vous dépassera point.

Je mettrai même à votre portée les doctrines qui garantiront à tous le pain, le toit et la dignité.

Si vous ne commenciez pas par là, au moment où on s'y attendrait le moins, je m'écrierais que je ne suis point satisfait de la victoire de la veille . . . .

. . . .

Rien de commun d'abord avec le passé qui a toujours fait toutes choses à l'inverse de la raison et de la conscience universelles.

D'ailleurs, le passé n'est que comme le reflet d'une désolation générale ; le passé est triste et aride comme un moribond sans croyance.

Il vaudrait mieux mille fois puiser dans les plus suspectes données de l'avenir. Les données de l'avenir sont innombrables comme les fils de l'homme.

Le livre de la destinée est éternel, et la main du temps n'en a pas encore tourné le premier feuillet.

Vous savez, citoyens, dans quel cercle vicieux, portant nom civilisation, on a fait jusqu'à ce jour pirouetter l'humanité comme un automate, depuis des siècles et des siècles !

Méditez, méditez cette parole d'un homme d'un grand sens et de beaucoup d'expérience. Vous le devez d'autant plus, peut-être, bien-aimés de la France, que l'an passé même, il prédisait vos grandes destinées à la plupart d'entre vous. Il disait : Je ne me retournerais pas pour voir ce que nous allons faire à prix de sang et de couronnes, si en même temps nous ne semons pas des germes de sympathie parmi les enfants du peuple.

Je vous le dis en vérité : tant que les colonnes de l'édifice social ne porteront pas sur cette base, à chaque succession de temps et d'événements, on les verra flotter à la merci de mille tempêtes.

Il faut modifier de fond en comble le jeu de l'échelle sociale.

Les doctrines du passé n'enseignaient à chacun d'en gravir les sommités qu'au détriment du frère, de l'ami, et ne prêtaient leur concours qu'à ceux qui touchaient au but pour le leur faire dépasser, tandis qu'elles refoulaient de tout leur poids les masses gémissant au premier degré en efforts impuissants.

A l'aide de cette partialité pour les heureux et les privilégiés, ils ont semé la discorde et la division, qui si souvent se fomentent dans le sang des enfants du même lit.

Et voilà comment leurs sympathies et cette irrésistible disposition du cœur qui les attire les uns vers les autres, l'orgueil et l'égoïsme les ont transformées en appétits grossiers et impies, en rivalités, en une espèce de concours pour la fortune et le bien-être.

Devant cette iniquité dominatrice du monde, je me suis écrié : Anathème, proscription éternelle pour l'orgueil et la tyrannie.

J'avais raison de compter sur le concours de la Providence, puisqu'il ne m'a fallu qu'un souffle pour les disperser et les mettre en fuite.

Qu'eût-ce été si j'avais envoyé tous mes enfants au combat? .   .   .   .

. . . .

Etudiez et faites étudier tous les systèmes de socialisme, et dans leur examen proscrivez toute idée préconçue,

L'omission de ce dernier point pour-
rait coûter cher au monde.

Il y a des doctrines saintes qui peuvent dominer et pacifier le monde, et
qui n'acceptent de conditions que du
temps. Heureux l'homme qui consa-
crera son génie, ses efforts et sa per-
sonnalité même à leur avénement!

Notez que je ne vous demande
pas d'enfanter la régénération à vous
seuls. Favorisez seulement mon libre
arbitre, et garantissez-moi des insinua-
tions et de l'empire de ceux qui, pour
dominer, se sont toujours mis à la tra-
verse du bonheur et de l'ordre public.

Ils ont toujours voulu me convaincre d'ignorance, et leur sagesse et leur science à eux, n'ont jamais abouti qu'à des impasses qui ne devaient céder qu'à des torrents de sang !

Je ne le sais que trop ; ainsi, plus de cette exclusive et fausse sagesse.

Ils ont toujours professé et publié que la découverte de la vérité en toutes choses, n'appartient qu'aux privilégiés de la science.

Ils n'ont jamais tenu compte de la raison et de la conscience universelles qui proclament, de concert, que le bonheur de l'humanité ne saurait résider que dans la fusion de tous les intérêts dans un seul, de tous les sentiments dans un seul ;

Qui proclament, de concert, que les premiers égards, la première sollicitude appartiennent de droit, suivant une loi immuable, écrite dans tous les cœurs, à nos frères, en raison directe de leurs besoins, de leurs angoisses et de leurs ignominies.

Quand les orgueilleux ne l'obscurcissent point pour se partager avidement le prix de l'erreur, la vérité se montre partout à nu, sans enveloppe : sous le faste insultant du financier et du grand seigneur, comme sous la sueur et les gémissements du peuple; sous les brillants chiffons de la courtisane, comme sous les haillons vertueux de la fille du prolétaire ; dans l'endurcissement de cet insensé qui, avant peut-être d'aller s'agenouiller devant une prostituée, pour lui offrir ses trésors, repousse la main qui lui demande une obole, comme dans la résignation de la victime de la civilisation, qui n'ayant pas une pierre pour reposer sa tête, la laisse tomber défaillante sur sa poitrine, en disant : Mon Dieu, mon âme du moins ne succombe pas, je sais qu'elle relève de toi ! La vérité se montre partout, dans la dureté du publicain et dans le verre d'eau froide refusé par l'enfant du peuple, comme dans la générosité de l'homme de cœur qui offre à ses frères ses sueurs et ses veilles. La vérité se montre partout, dans le blasphème des tyrans comme dans l'hymne de la liberté, au dehors comme au dedans du *Forum*, aux pieds comme au sommet du Capitole!

La vérité se montre surtout dans l'union de mes enfants.

L'union! voilà le grand mot des nations!

O peuples épars dans le monde, la France, après vous avoir donné l'exemple de la conquête de la liberté et vous avoir promis communication de ses doctrines, vous dira, sans cesse, que votre salut et votre délivrance ne peuvent venir que de vous-mêmes et de l'union de vos enfants.

Songez que les plus fatales erreurs du monde sont les vôtres : sans cesse on vous entend murmurer et vous plaindre contre la nature, de ce que, tout en vous imposant des travaux excessifs, intolérables, elle vous refuse presque toujours le pain quotidien. Hélas ! oui, pauvres peuples, presque toujours vous manquez du nécessaire, en même temps que vos travaux sont au-dessus de vos forces ! Mais la faute n'en doit pas être imputée à la nature. Quand vous voyez un homme hâve de faim, grelottant de nudité, exténué de labeurs; avant de vous en prendre à la nature, voyez autour de lui s'il n'y a point un autre homme qui mange pour deux, qui soit vêtu pour deux, et qui ne fasse point œuvre de ses mains. La nature est la dernière qu'il faut accuser : elle s'est engagée à fournir aux besoins de tous ses enfants, mais elle a mis à leur charge la distribution de tous ses dons.

Vos philosophes, vos docteurs, vos publicistes ne vous ont jamais rien dit de semblable. Ne vous hâtez pas de les accuser, peut-être en ont-ils été empêchés, peut-être même leur science est-elle trop sublime pour arriver jusque-là.

Grands citoyens qui présidez aux destinées de la France, favorisez le mouvement social chez toutes les nations. Persuadez-leur que la nature restera sourde à leur cri de détresse, tant qu'elles ne mettront point elles-mêmes la main à l'œuvre pour se partager ses bienfaits.

N'est-ce point une grande honte pour elles de demeurer impuissantes devant une si faible tâche ?

Proclamez de toute votre autorité cette immuable et éternelle vérité, la première par laquelle doivent se régénérer les sociétés.

Faites-lui faire le tour du monde, et dans son cours elle dispersera les rivalités, les iniquités politiques comme la fumée sous le souffle des aquilons.

Dites-leur qu'il est bien temps qu'elles songent à leur réhabilitation ; car, il y a un degré d'avilissement qui rend bien suspectes l'énergie et la moralité de l'homme.

Est-ce quand la plaie est plus profonde qu'il faut des remèdes moins actifs ?

En toute vérité, le bien qui vient de l'épuisement du mal se fait trop longtemps attendre.

L'héroïsme affamé est bientôt hors d'haleine.

La plus juste, la plus sainte des causes est en danger entre les mains de la faiblesse. On ne daigne pas seulement compter avec elle ; on la renvoie avec de dérisoires concessions dont on se rit l'instant d'après.

Ainsi, d'un peuple engourdi dans sa détresse, on lui jette un lambeau de quelque chose qui n'a pas de nom: si, dans le délire de l'angoisse, il fait encore mine de redresser la tête, on lui montre un fantôme armé de chaînes, un squelette sanglant, et il rentre dans son piteux réduit s'enchaîner de ses propres mains. . . . .

. . . .

Unissez-vous, enfants des peuples ! l'union vous fera enfanter des miracles.

Considérez ce que font de vous vos princes en prononçant le seul mot de *patrie* qui, dans leur bouche, n'est souvent qu'un moyen perfide : avec une simple consigne, pour des intérêts qui ne vous sont jamais démontrés, pour leur orgueilleuse satisfaction, pour reculer de quelques pas des frontières insignifiantes.

Et pour arracher vos frères à l'ignominie, aux étreintes de la faim; pour la régénération sociale, pour la dignité de l'homme; pour rappeler l'humanité de son anéantissement, pour répondre aux sollicitations de la nature et de son auteur, pour l'entreprise d'une

œuvre dont le résultat doit être d'en-
noblir cet être collectif, immense, qu'on
appelle le peuple, de lui mettre en
main le sceptre de l'univers, comme au
seul souverain digne et légitime, vous
seriez incapables de secouer toute tor-
peur et d'obéir à la voix de la conscience
et de la raison !

Non ! ! !

Enfants des peuples, unissez-vous
pour vos intérêts comme les princes
savent vous unir pour les leurs.

Voyez ce fleuve impétueux qui dé-
daigne toutes les barrières qu'on lui
oppose ; chacun des petits ruisseaux qui
le composent, n'avait, à sa source,

qu'un cours faible et languissant comme la démarche du paria.

Montrez à vos frères, d'autre part, qu'il n'y a rien de plus frêle, de plus à plaindre qu'un pauvre être humain dépourvu d'affection et de sollicitude.

Persuadez-leur, au contraire, qu'une fois la solidarité sociale inébranlable-ment établie, on ne verra plus dans le monde ces enfants perdus de la société, qui, faute d'un point d'appui pour leur courage, pour leurs entreprises, pour leurs goûts naturels, languissent sur la terre natale même qui les renie, désespèrent d'eux-mêmes, du courage, de l'honneur de la Providence, et se

jettent pieds et mains liés à la merci
du désespoir ou du crime.

Persuadez-leur que la solidarité sociale anéantirait d'un seul coup les
préoccupations personnelles, les intérêts individuels qui fractionnent la fortune du peuple, et la réduisent presque à rien.

Enfants des peuples, l'union c'est
la force, la force c'est la dignité et le
bonheur, la dignité et le bonheur c'est
la destinée de l'homme.

Il faut donc arriver là, y arriver à
tout prix. La première chose à faire,
c'est de se rire des obstacles. Un peuple peut se rire de tout, excepté de sa

dégradation et de son abaissement; ici il doit rougir et gémir.

Débattez-vous donc sous la main lépreuse qui vous tient au cœur. Cette main fût-elle invincible qu'il ne devrait pas vous le sembler. Est-ce que le bœuf ne regimbe pas sous le joug et sous l'aiguillon? Est-ce que la plus faible proie ne se débat pas en palpitant sous l'implacable étreinte du tigre?

Pour vous, le triomphe réside dans un peu de vouloir et dans beaucoup de dédain.

Ne prenez pas au sérieux les obstacles dont vous parlent sans cesse des frères ennemis ou pusillanimes.

Tournez vos regards vers la France!

Quand vous vous serez unis, les liens qui vous pèsent et vous oppressent maintenant, au premier de vos mouvements se briseront comme une lame de cristal.

O enfants des peuples! tournez vos regards vers les rivages de la terre promise !

Voulez-vous une preuve infaillible que vos maux ne sont pas sans remède; considérez que, dans aucun lieu du monde, Dieu n'a jamais permis que le nombre des privilégiés et des oppresseurs fût plus grand que le nombre de ceux qui souffrent.

Soyez, surtout, en garde contre une erreur, hélas bien répandue, c'est que l'instrument est tout et l'homme rien.

Mais si, suivant des doctrines en règne, dix prolétaires, vingt prolétaires sont des hommes qui ne possèdent rien, il n'en est pas de même suivant la nature. Est-ce qu'ils n'ont pas leurs bras et leur courage, le premier et le plus infaillible de tous les biens? Est-ce que dix hommes, vingt hommes, réduits à leurs labeurs, aux ressources de la nature, réunis dans une action commune, ne possèdent pas la seule véritable richesse, la richesse contre laquelle rien ne saurait prévaloir? Cette richesse, à publicains, peut se passer de tous vos millions, fort heureusement , et vos millions ne sauraient se passer un seul instant de nos veilles et de nos sueurs!

Dites, dites ce qu'il adviendrait si , pendant huit jours seulement, le prolétaire se croisait les bras !

Considérez la France , et vous verrez que c'est au prolétaire que Dieu a confié la conquête du droit social, qui est si sublime, qu'il assimile, pourainsi dire , l'homme à la divinité. Car, le règne de la liberté , de l'égalité, de la fraternité , de la paix , de la justice, qu'est-ce que c'est que le couronnement de l'harmonie de l'univers.

De cette harmonie doit émaner toute félicité, comme la lumière vient du soleil, comme le fleuve vient de sa source.

D'après cette harmonie, tous les peuples pourront disposer de leurs prédilections comme de leur main droite.

Et toute iniquité lui cédera, comme les ténèbres cèdent à la lumière, comme l'onde cède à la pente.

Illustres citoyens, élus de la France, n'oubliez jamais que l'harmonie sociale est fille de l'union. Le peuple français vous confie ce principe divin, comme le père de famille de l'Evangile confia à ses serviteurs un pécule, afin qu'ils le fissent valoir. Comme lui, il vous en demandera compte. Que ce principe soit donc autant au-dessus de toute bonté et de toute supputation personnelle, que le ciel est au-dessus de la terre ; autant que le Christ est au-dessus des détracteurs de la liberté, autant les peuples sont au-dessus des rois !

FIN.

Clermont, Imprimerie de Thibaud-Landriot frères.